OBSERVATIONS

DU

CONSEIL DES COLONIES.

OBSERVATIONS

DU

CONSEIL DES COLONIES

ADRESSÉES A LA CHAMBRE DES DÉPUTÉS AU SUJET DU RAPPORT DE
LA COMMISSION CHARGÉE D'EXAMINER LE PROJET DE LOI
TENDANT A RÉGLER LES ATTRIBUTIONS DES
CONSEILS COLONIAUX EN MATIÈRE
DE FINANCE.

PARIS.

IMPRIMERIE D'AD. BLONDEAU, RUE RAMEAU, 7.
1842.

A MONSIEUR

LE PRÉSIDENT ET MM. LES MEMBRES

DE LA CHAMBRE DES DÉPUTÉS.

Monsieur le Président et Messieurs les Députés,

Les colonies sollicitent l'examen des graves questions de droit constitutionnel soulevées par le projet de loi sur les attributions financières des Conseils coloniaux. Elles se confient à la justice de la Chambre, à son respect des principes constitutionnels consacrés par la Charte. Elles invoquent sa sollicitude pour des populations françaises qui n'ont point d'organe officiel au sein de la représentation nationale. Ces motifs leur assure de votre part, messieurs les Députés, une appréciation bienveillante des reproches qui leur sont adressés.

Quand les délégués des colonies eurent l'honneur d'être admis au sein de la commission de la Chambre, ils ignoraient l'étendue des griefs qui avaient décidé la présentation du projet de loi. Un seul fait apparaissait; fait grave qu'ils avaient à justifier : c'était le refus des législatures locales de se conformer aux dispositions de la loi du 25 juin 1841.

Les délégués des colonies s'attachèrent à démontrer que l'opposition des Conseils coloniaux se fondait sur la Charte même, avait pour but unique le maintien des principes constitutionnels sur lesquels repose le le droit public des Français (1). Ils s'étayèrent des dispositions générales de la Charte, applicables à tous les Français, sans distinction du territoire qu'ils habitent, et des dispositions spéciales de la loi du 24 avril 1833 qui, en modifiant la Charte à l'égard des colonies, ont établi, pour celles-ci, un droit constitutionnel particulier, dont la limite nettement tracée, ne devrait plus être franchie.

Nous ne voudrions pas abuser de vos moments, messieurs les Députés. La loyauté de M. le ministre de la marine nous est un sûr garant qu'il a porté à votre connaissance les adresses au roi des Conseils de la Martinique et de la Guadeloupe, qui expliquent l'opposition des colonies à quelques-unes des dispositions de la loi du 25 juin 1841. Il serait superflu, d'ailleurs, de reproduire les arguments déjà présentés dans le mé-

____

(1) Le vote de l'impôt par les représentants de ceux qui le payent, le concours législatif qui seul rend la loi obligatoire.

moire que les délégués ont eu l'honneur d'adresser à la commission et à chacun des membres de la Chambre.

Le droit des colonies nous apparaît incontestable, et c'est avec une profonde conviction que nous avons essayé de l'établir. Mais après le droit, ou plutôt au-dessus du droit, est la nécessité qui justifie seule le changement de la loi, alors surtout qu'il s'agit de loi organique, qu'elle soit appelée, *charte*, *constitution* ou *loi concernant le régime législatif*.

Permettez-moi, Messieurs, d'appeler votre attention sur ce point capital, que l'opposition des Conseils coloniaux est un *effet* dont la *cause* est la loi du 25 juin 1841. Le projet qui vous est soumis n'en est que la conséquence.

Pour apprécier la nécessité des modifications faites ou que le gouvernement se propose d'apporter encore au régime législatif de 1833, il faut donc remonter aux motifs de la loi du 25 juin 1841. Les délégués des colonies n'avaient, pour diriger les investigations, que les reproches au régime financier de 1833, consignés dans le rapport de l'honorable M. Lacrosse. Il leur a été facile d'établir, par des résultats incontestables, — incontestés d'ailleurs, — que les seules considérations qui avaient déterminé le vote des Chambres, en 1841, reposaient sur des renseignements incomplets et inexacts.

De nouveaux griefs ont été produits. La commission dont l'honorable M. Baumes a été l'organe, les a consignés tels, sans doute, qu'ils lui ont été présentés, sans préciser les faits, mais aussi,—et nous nous empressons de le reconnaître, — sans vouloir en tirer des inductions défavorables à la participation législative des assemblées locales.

« On fait remarquer, dans le relevé ministériel, « dit le rapport à la page 18, la fréquence des prêts « ou avances faites par les caisses de réserve aux co-« lons, aux communes, aux banques et caisses d'es-« compte. Il semblerait, d'après d'autres notes qui « nous ont été communiquées, que le recouvrement « des contributions directes a pu quelquefois souffrir « des ménagements accordés en vue des personnes, « des positions sociales. »

Une simple réflexion.

Des avances, des prêts, un prélèvement quelconque sur les caisses de réserve, obligent à un décret dont l'initiative et la sanction appartiennent au gouvernement. C'est en vertu d'un arrêté du gouverneur, que s'obtient un dégrèvement ou remise de contributions arriérées.

Le reproche, s'il était fondé, ne frapperait donc que les administrationa locales ; mais il n'en est pas ainsi, aucun fait postérieur à 1833, ne saurait être produit pour justifier l'accusation (1).

Il en existe un cependant, et le voici :

A la Martinique, l'impôt personnel n'a pu être acquitté par les affranchis. Il en était résulté un arriéré grossissant chaque année. Le désastre du Fort-Royal est venu y ajouter l'impuissance de tous les propriétaires ruinés par le tremblement de terre. Une ordonnance royale du 7 septembre 1840 **a** fait remise des contributions arriérées, dont le chiffre s'élevait à un million de francs (2).

(1) Sans doute il y a eu confusion, et ces reproches se justifient, appliqués au régime antérieur à 1833, auquel le projet de loi, modifié par la commission, faisait rétrograder les colonies.

Avant 1833, des sommes, quelquefois considérables, furent avancées à des banques, à des communes, même à des particuliers, et, cela, au grand préjudice des caisses de réserve. Mais alors la volonté ministérielle suffisait.

A la Guadeloupe, l'arriéré des contributions était de plus de 500,000 fr. en 1830, et encore de près de 200,000 en 1833. Il n'en n'existe plus depuis l'institution des Conseils coloniaux. Le système financier fonctionne, depuis 1834, avec la plus grande régularité, et à peu de frais, environ 2 p. 100, dans le rapport des seules perceptions coloniales.

D'après les dernières nouvelles reçues de la Guadeloupe, ce service, complètement centralisé sous la direction d'un seul comptable, le trésorier général de la colonie, allait être scindé par ordonnance financière rendue en vertu de la loi du 25 juin 1841. Les perceptions devront se faire, à l'avenir, par les receveurs de l'enregistrement, qui auront à rendre compte tous les six jours au trésorier-général.

(2) A la Guadeloupe, l'impôt personnel a été refusé par le Conseil colonial, précisément à cause de l'impuissance des affranchis à l'acquitter.

Ce n'est pas, sans doute, ce fait unique dont la commission aurait voulu s'étayer, si les circonstances lui en avaient été révélées.

« Le refus, dit le rapport à la page 3, par les Con-
« seils coloniaux, des crédits nécessaires aux dépenses
« dont la fixation appartenait au gouvernement, la
« réduction, dangereuse à ses yeux, la suppression
« même de traitements réglés par la métropole, l'exa-
« gération d'allocations qu'on dût juger destinées à sub-
« ventionner la presse, la diminution du taux de plu-
« sieurs contributions locales, et les déficits qu'elle
« amenait, donnèrent au gouvernement de sérieuses
« préoccupations. »

Ces reproches sont graves, il est donc nécessaire de compter et d'apprécier les faits qui les peuvent motiver.

Le traitement de grade des gouverneurs avaient toujours été acquitté sur le budget de la marine. En 1839 il fut mis à la charge des colonies. L'allocation fut portée à 70,000 francs de 60,000 francs qu'elle avait été jusqu'alors (1).

Le rapport fait au Conseil colonial de la Guadeloupe, par la commission financière de 1838, s'exprime ainsi qu'il suit :

« Jusqu'à présent les colonies, par des motifs de
« haute convenance, ont gardé le silence sur ce dépla-

(1) 80,000 fr. à la Martinique, à cause du séjour de la station qui oblige le gouverneur à des frais de représentation plus considérables.

« cement de charge; mais aujourd'hui que par suite
« de cette tendance de la Chambre élective à voter des
« réductions dans le budget de la marine, M. le minis-
« tre s'est cru dans la nécessité d'ajouter l'équivalent
« du traitement de grade de gouverneur aux émolu-
« ments affectés à son éminent emploi, nous ne pouvons
« plus reculer devant le besoin de vous dire combien
« nous semble injuste la disposition qui met à la charge
« des colonies les traitements de ces hauts fonction-
« naires.

« Les lieutenants-généraux commandant les divi-
« sions, les préfets, ne reçoivent ils pas en France leur
« traitement de la caisse générale? Pourquoi cette dis-
« tinction? Pourquoi ce qui est juste dans la métro-
« pole ne le serait-il pas ici?

« Quoi qu'il en soit, la fixation du traitement du
« gouverneur étant réservée au pouvoir royal, la com-
« mission n'a pu se dispenser d'admettre l'allocation
« portée au projet du gouvernement, et la propose à
« votre adoption.

« Mais la loi vous permettant, Messieurs, des obser-
« vations sur cette disposition du budget, nous pro-
« posons aussi de réclamer contre une charge qui est
« évidemment celle de la métropole, et dont vous ne
« devez dans tous les cas supporter qu'une partie. »
(Voir les procès-verbaux de la première session de
1838, page 415.)

Le Conseil colonial accueillit les observations de la commission financière dans l'espoir que M. le ministre de la marine y ferait droit, et n'en vota pas moins les 70,000 fr. demandés.

Il paraît que, dans deux autres colonies, les Conseils coloniaux, distinguant le traitement de grade du traitement d'emploi, auraient réduit l'allocation aux 60,000 fr. qui s'appliquent à l'emploi.

Depuis 1834, les colonies n'ont cessé de réclamer la réduction des dépenses que leur imposent les services douane et justice (1). Le Conseil colonial de la Guadeloupe a indiqué, à chacune de ses sessions, les économies qu'il était possible, qu'il était convenable de faire. Cependant, il n'a jamais voté aucune réduction. Le même respect de la loi, la crainte de dépasser la limite qu'elle avait tracée, ont décidé le Conseil colonial de la Guadeloupe à toujours s'en tenir à de simples observations, alors même qu'il ne s'agissait que d'allocations accessoires que, certes, la loi du 24 avril n'avait pas entendu comprendre dans le traitement du personnel de la justice et de la douane.

Ailleurs, il n'en a pas été ainsi, et une somme de

(1) A la Guadeloupe, le chiffre de l'allocation est de 372,000 fr. pour l'année 1841, dont 51,000 fr. sur le budget métropolitain. En y ajoutant les allocations accessoires, le chiffre doit s'élever au moins à 400,000 fr. à la charge de la colonie.

Depuis ces dernières années, le gouvernement a fait droit aux réclamations des colonies en ce qui concerne les dépenses de la douane.

31,000 fr. aurait été retranchée des allocations fixées par le gouvernement en vertu de l'art. 5 § 2 de la loi du 24 avril 1833. Nous n'avons ni les motifs, ni le détail de cette réduction, mais M. le directeur des colonies nous a fait connaître qu'elle portait positivement sur le traitement du personnel. Il y aurait donc eu infraction à la loi. Ce fait est unique, car celui relatif au traitement des gouverneurs n'impliquerait que fausse interprétation de la loi.

Les Conseils coloniaux ont voté, il est vrai, mais ostensiblement, une somme annuelle de 35,000 fr. pour faire face aux dépenses éventuelles de la défense de leur cause au tribunal de l'opinion. L'impartialité de l'honorable rapporteur de votre commission, ne lui a pas permis, messieurs les Députés, d'incriminer cette allocation. Il la justifie en ces termes. « Il peut être « sage, Messieurs, de faire une part aux perplexités « nées parmi les colons, d'abord de l'état de souffrance « de leurs cultures et de leur industrie la plus impor- « tante, beaucoup plus de l'attente de grandes mesu- « res, que recommandent sans doute les principes les « plus saints, mais dont le succès ne saurait être « préparé avec trop de prudence. » (**Page** 4 du rapport.)

En effet, la liberté de discussion a porté à la tribune les questions coloniales que le législateur de 1833 avait cru en écarter. Privées de la défense dans l'enceinte législative, les colonies ont voulu, par la presse, éclairer l'opinion que des attaques, quelquefois injustes et presque toujours passionnées, pouvaient égarer. Le droit du gouvernement n'a point été méconnu. Il en a usé, d'abord pour régulariser la dépense par une ordonnance royale; pour la soumettre ensuite aux règles de la comptabilité générale; enfin, il a refusé l'ordonnancement des allocations votées par les Conseils coloniaux.

Quant *à la diminution du taux de certaines allocations, de plusieurs contributions locales et au déficit qu'elle amenait*, le seul fait qui motive ce reproche est la réduction, à la Martinique, de l'impôt personnel établi à 20 fr. par tête, et réduit à 10 fr., par suite de l'impuissance des affranchis à l'acquitter. A ce taux même il n'a pu être régulièrement perçu (1).

Nous avons signalé à la commission de la Chambre les véritables causes du déficit que présentent les budgets de deux colonies (2); néanmoins nous avons démontré que la gestion des finances coloniales avait été partout améliorée depuis l'établissement du régime représentatif. Les résultats n'ont point été contestés,

______

(1) Le Conseil colonial avait établi cet impôt en 1834 sur la demande de l'administration, et c'est d'accord avec elle qu'elle en a réduit la quotité.

(2) La Martinique et la Guyanne. (Voir le Mémoire du 7 avril dernier adressé par les délégués des colonies à la commission de la Chambre.)

mais les chiffres ont été modifiés. La commission a expliqué avec bienveillance que la différence des chiffres n'infirmait nullement les résultats que les délégués des colonies lui avaient fait connaître. Cependant, messieurs les Députés, les derniers chiffres produits à la commission ne sont point exacts (1).

La richesse des caisses de réserve, en 1830, n'implique nullement la conséquence d'une bonne administration intérieure. Il nous serait facile de prouver, au contraire, qu'elles n'avaient été grossies que par une économie mal entendue des intérêts coloniaux. Mais ce serait nous écarter de la question soumise à la Chambre, et nous devons nous y renfermer.

(1) A la Guadeloupe, au 1ᵉʳ juillet 1830, la caisse de réserve était de 1,315,791 fr., sans tenir compte d'un arriéré de 500,000 fr. dans les recettes, arriéré qui portait la caisse de réserve à 1,815,791 fr.

Au 1ᵉʳ janvier 1834, l'actif de la caisse de réserve était de 552,598 fr. 55 c., se composant de mauvaises créances, d'un arriéré considérable de contributions et d'une très faible somme réalisée.

A la fin de 1841, il y avait en caisse, d'après le compte fourni par l'administration, 548,321 fr. 70 c., et 653,321 fr. 41 c. d'après les supputations du Conseil colonial. En outre, 292,549 fr. 79 c. de bonnes valeurs, plus des créances dont l'état n'avait point été fourni. Des rentrées sur ces créances peuvent avoir porté la caisse au chiffre de 1,079,227 fr. donné à la commission de la chambre

A la Martinique, le budget de 1830 a été aligné par un prélèvement de plus de 900,000 fr. sur la caisse de réserve ; celui de 1831, par un prélèvement d'environ 500,000 fr. Le déficit des années 1832 et 1833 a été comblé par des prélèvements considérables sur la caisse de réserve qui, certainement, était de plus de deux millions en 1830, au lieu de 186,025 fr., selon l'état fourni à la commission.

Les chiffres relatifs à la Guyane ne sont pas plus exacts que ceux produits par la Martinique et la Guadeloupe.

Ainsi, Messieurs les Députés, trois faits motivent les griefs dont s'étaye le projet du gouvernement :

Refus du traitement de grade des gouverneurs et réduction de 51,000 fr. sur celui du personnel de la justice et des douanes ;

Allocation annuelle de 55,000 f. pour la défense des intérêts coloniaux ;

Réduction de l'impôt personnel de 20 à 10 fr. par tête, à la Martinique.

Nous avons dû préciser les faits avant d'en apprécier les conséquences constitutionnelles.

De ces trois faits, le premier seul, — et qui ne s'applique pas à toutes les colonies, — semble mériter un reproche sérieux. Il nous faut avouer cependant que nous manquons de renseignements qui nous eussent permis de l'expliquer, sinon de le justifier. D'ailleurs il est important de constater que toutes les irrégularités relatives aux services réservés ont disparu des décrets financiers des dernières années.

Mais ce fait unique, alors même qu'il constituerait une infraction actuelle de la constitution de 1833, est-il de nature à motiver le changement de la loi ? Et d'ailleurs, les voies constitutionnelles ont-elles été épuisées, ont-elles même été tentées ? Non, messieurs les Députés, il n'en a pas été ainsi.

Le refus, par les Conseils coloniaux, de consentir les dépenses dont la fixation appartient au gouvernement,

avait pour conséquence constitutionnelle le refus de
sanction et la présentation d'un nouveau budget. Les
motifs du gouvernement, appuyés de l'exemple des
colonies où les dispositions de la loi étaient mieux com-
prises et toujours exécutées, auraient, sans nul doute,
fait cesser une erreur de nature à entraver, en effet, le
service public, si le gouvernement avait voulu se renfermer dans la limite rigoureuse du régime représentatif. Enfin la dissolution de l'assemblée qui aurait
persisté à outrepasser la limite de ses attributions,
était le moyen extrême indiqué par la loi.

Au lieu de recourir aux voies constitutionnelles, le
gouvernement s'est abstenu pendant plusieurs années
de présenter à la sanction royale les décrets financiers
des colonies. Dès lors, les dépenses ont été faites arbi-
trairement, et cependant c'est aux Conseils coloniaux
que s'adresse le reproche de violation de la loi!

La commission de la chambre vous propose, messieurs les Députés, de rejeter le § 1er de l'art. 1er, les
art. 2 et 3, et d'adopter le § 2 de l'art. 1er du projet
de loi soumis à vos délibérations. Le gouvernement
semble adhérer aux amendements de la commission.
Les articles dont la commission propose le rejet ne dé-
truisaient pas seulement le régime législatif des colonies, ils portaient une atteinte directe au droit public
des Français; et, contrairement aux dispositions fon-
damentales de la Charte, des impôts eussent été per-

2

çus, des dépenses eussent été faites sans avoir été consenties.

Mais l'article dont l'adoption est proposée, n'en est
pas moins que les deux autres fondamentalement op-
posé à l'esprit et à la lettre de la Charte. Peut-on dire,
en effet, que les dépenses et les recettes *consenties* pour
une année, le sont également pour l'année qui suit,
qu'elles ont été *librement consenties*, si les représentants
du pays ne les ont pas votées, les ont même formelle-
ment refusées ?

La situation des colonies, par le refus de sanction
des décrets financiers, est anormale, mais un peu de
prévoyance et une plus saine appréciation des faits auraient suffi pour l'empêcher de se produire. Un refus
de budget ne serait pas même de nature à susciter des
embarras inextricables, si l'administration demandait
le vote des recettes et des dépenses en temps opportun,
de telle sorte que la couronne pût toujours exercer ses
prérogatives dans la limite du droit constitutionnel ;
car, messieurs les Députés, il est impossible d'admettre qu'un refus de budget, de la part des colonies, soit
autre chose qu'un recours aux pouvoirs politiques de
la métropole. Dans ce cas, extrême il est vrai, le vote
du budget une année d'avance laisserait à la métropole le temps d'examiner et de prononcer.

Par prévision d'une opposition systématique des
Conseils coloniaux et des électeurs, opposition qui n'est

et ne saurait être dans la pensée de personne aux colonies, et pour résoudre une difficulté du moment, le gouvernement demande une mesure permanente contraire à l'esprit et à la lettre de la Charte. Le but sera-t-il atteint? Nous ne le pensons pas, messieurs les Députés; notre devoir est de le dire et d'essayer de vous le démontrer.

La loi du 25 juin 1841 a soulevé l'opposition des Conseils coloniaux, parce qu'ils y ont trouvé des dispositions contraires aux principes du droit public des Français, contraires aux stipulations formelles de la loi du 24 avril concernant le régime législatif des colonies. Comment admettre qu'une loi nouvelle qui ne change rien à la situation, si ce n'est pour l'aggraver, qui sera certainement considérée comme une nouvelle atteinte aux droits constitutionnels garantis par la Charte et consacrés par la loi du 24 avril, comment admettre que la loi nouvelle fasse cesser l'opposition des législatures locales? Dès lors, les budgets coloniaux, continués chaque année, devront-ils rester immuables, ou le gouvernement viendra-t-il demander une dernière mesure qui mette les colonies hors la loi?

Non, messieurs les Députés, et ce n'est pas en violant les principes de la constitution qu'on trouve la solution des difficultés du régime constitutionnel : l'esprit de conciliation peut seul les résoudre. Loin de nous la pensée que la puissance relative établisse à cet égard des règles différentes entre la métropole et ses colonies.

Ou les colonies sont encore sous l'empire de l'article 64, et alors elles réclament le droit à la représentation nationale, afin que les conditions de la Charte soient accomplies pour la formation des *lois particulières* destinées à les régir ;

Ou elles sont sous l'empire du régime représentatif de 1833, et alors la limite tracée des matières sur lesquelles la loi stipule sans *concours législatif* des colons, ne saurait être *constitutionnellement* franchie.

Les colonies demandent à être soumises à la constitution générale ou à leur constitution spéciale, selon que la métropole voudra en décider, mais elles ne sauraient être privées à la fois des bénéfices de l'une et des droits consacrés par l'autre.

Nous croyons avoir démontré que les reproches faits au régime législatif de 1833 ne sont pas fondés, et que les voies constitutionnelles suffisent aux rares difficultés qui peuvent avoir surgi depuis neuf ans. Rien ne saurait justifier d'ailleurs la violation des principes de la constitution, et la nécessité de les modifier, qui ne pourrait résulter que de faits graves, de difficultés insurmontables, n'apparaît pas même, loin d'avoir été constatée.

Les colonies s'en reposent sur la sollicitude de la Chambre. Leurs délégués espèrent obtenir de chacun de vous, messieurs les Députés, cette impartialité dont l'honorable M. Baumes s'est montré animé dans l'accomplissement de son mandat, et cette bienveillante attention avec laquelle ont été accueillies leurs observations dans le sein de la commission dont il a été l'organe.

Les délégués des colonies se plaisent à reconnaître que c'est à la bienveillance du ministère de la marine et des colonies, qu'ils sont redevables des renseignements qui leur ont permis d'éclairer la Chambre sur la nature et le peu d'importance des reproches adressés aux législatures coloniales.

Nous sommes avec le plus profond respect, monsieur le Président et messieurs les Députés,

Vos très-humbles et très-obéissants serviteurs,

baron CHARLES DUPIN,
Président du Conseil des Délégués.

JOLLIVET,
Délégué de la Martinique.

DESMIRAIL,
Délégué de la Guadeloupe.

le comte A. DE CHAZELLES,
Délégué de la Guadeloupe.

DEJEAN DE LABAHIE,
Délégué de Bourbon.

FAVARD,
Délégué de la Guyane.

Paris, le 23 mai 1842.

www.ingramcontent.com/pod-product-compliance
Lightning Source LLC
Chambersburg PA
CBHW061821060726

47597CB00008B/3293